Text von Jillian Harker
Illustrationen von Daniel Howarth

Parragon Books Ltd
Queen Street House
4 Queen Street
Bath BA1 1HE, UK

Übersetzung: Kathrin Jurgenowski, Köln
Satz und Redaktion: trans texas publishing, Köln

ISBN 978-1-4075-8426-3
Printed in China

Ich hab dich lieb, Opa!

Parragon

Bath · New York · Singapore · Hong Kong · Cologne · Delhi · Melbourne

Der kleine Bär und sein Opa spazierten am Fluss entlang. Plötzlich entdeckte der kleine Bär einen Fisch im Wasser.

„Schnell, Opa!", rief er.

Er stürzte sich in den Fluss, fing den Fisch geschickt und hielt ihn stolz seinem Opa entgegen.

Opa lächelte. „Du bist flink, kleiner Bär", sagte er. „So flink wie du war ich früher auch."

Er überquerte gemächlich den Fluss und drehte sich unterwegs zu seinem Enkel um.

„Früher waren meine Beine so stark und schnell wie deine", fügte er hinzu. „Aber jetzt kenne ich bequemere Wege, um an mein Essen zu kommen."

„Welche denn, Opa?", fragte der kleine Bär.

„Tja", erwiderte Opa und stellte sich auf einige Trittsteine im Fluss, „ich wende eine List an."

„Ich warte hier bei den Stromschnellen", sagte Opa leise und bewegte sich nicht. „Ich habe Geduld und warte, bis die Fische aus dem Wasser springen – direkt in mein Maul."

„Wow!", sagte der kleine
Bär voller Bewunderung.
„Ich finde dich toll, Opa,
du bist SO klug!"

In diesem Augenblick rauschte ein Adler herbei. Mit den Flügeln berührte er den Pelz des kleinen Bären. Seine scharfen Krallen waren ganz nah.

Voller Angst kletterte der kleine Bär auf einen Baum. Opa lächelte.

„Früher konnte ich auch so gut klettern wie du", sagte er. „Meine Arme waren kräftig. Aber heute muss ich nicht mehr davonlaufen."

„Wirklich nicht?", fragte der kleine Bär. „Warum denn nicht?"

„Tja", erwiderte Opa, „ich bin einfach nicht mehr so schüchtern." Als der Adler zurückkam und wieder auf sie zuflog, begann Opa, mit seiner tiefen, rauen Stimme laut zu brummen und zu grollen. Der Adler machte sich davon und verschwand hinter den Bergen.

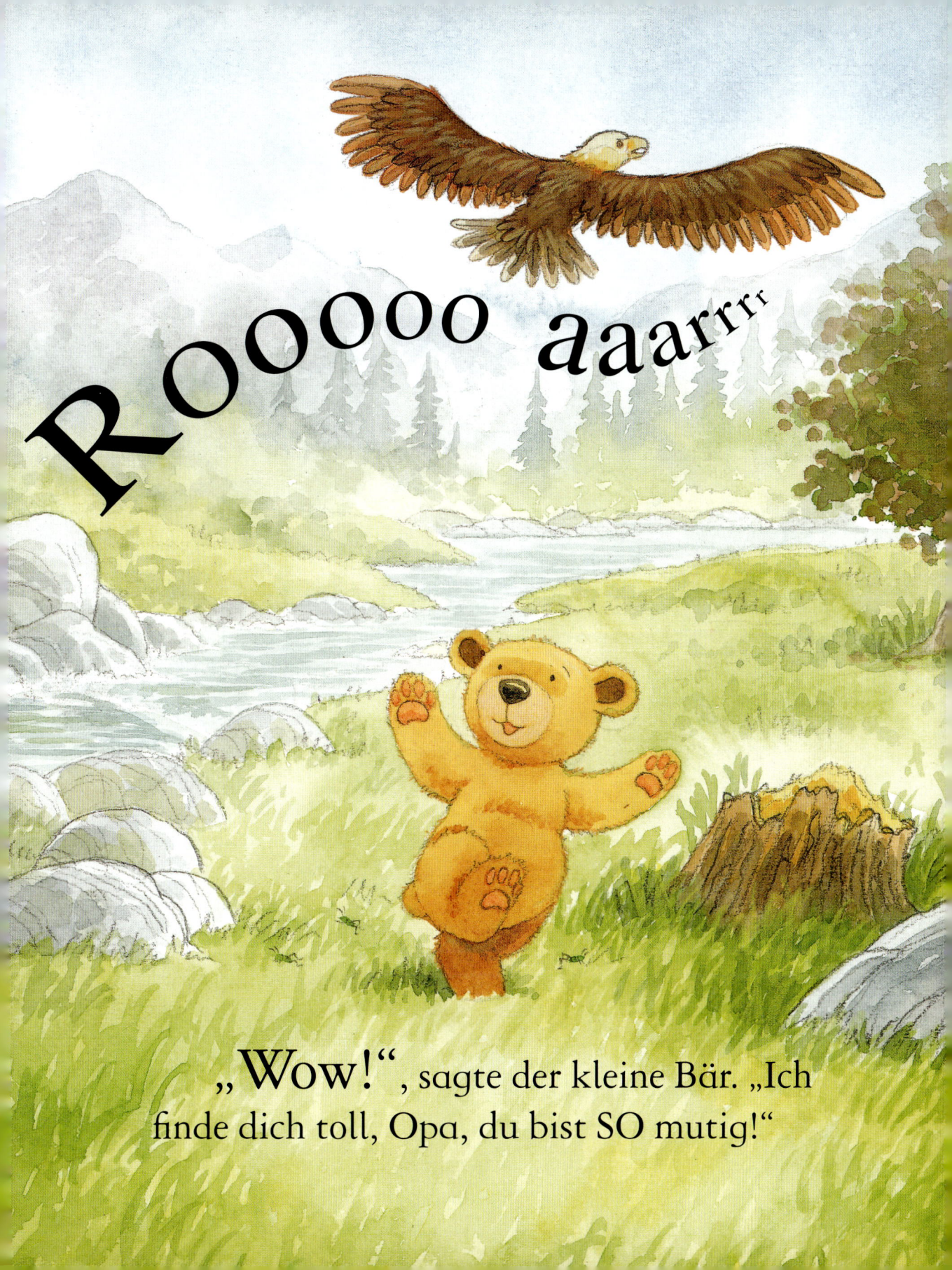

ROOOOO aaarrrr

„Wow!", sagte der kleine Bär. „Ich
finde dich toll, Opa, du bist SO mutig!"

Sie gingen weiter, bis sie einen Abhang erreichten, wo die Erde weich und locker war.

„Schau mal, Opa!", rief der kleine Bär.
„Ich kann mir eine richtig große Höhle für
meinen Winterschlaf buddeln!"
Und der kleine Bär fing an, in der Erde zu graben.

Opa schmunzelte. „Früher konnte ich auch so gut graben wie du", seufzte er dann. „Ich hatte richtig scharfe Krallen. Aber jetzt weiß ich, wie man zu einer besseren Höhle kommt."

„Wirklich, Opa?", fragte der kleine Bär stirnrunzelnd. „Aber wie denn?"

„Tja", sagte Opa, „ich habe inzwischen mehr Erfahrung. Ich suche mir einen hohlen Baum."
Er trabte dem kleinen Bären voraus durch den Wald. „Komm mit", rief er und führte den kleinen Bären zu einem riesigen Baum.

Im mächtigen Stamm des Baums war eine gemütliche Höhle. „Opa, ich finde dich toll", sagte der kleine Bär bewundernd. „Du weißt SO viel."

Dann schaute er zu seinem Opa auf.
„Ob ich jemals so klug, mutig und erfahren
werde wie du?"

„Ganz bestimmt", antwortete Opa. „Soll
ich dich unterrichten?"
Der kleine Bär nickte.

Also nahm Opa ihn mit zu den Stromschnellen und zeigte ihm, wie man auf listige Weise die Fische fing …

… und wie man einen Vogel verscheuchte.
Der kleine Bär lernte schnell.

Bald fielen weiche, dicke Schneeflocken.

„Jetzt müssen wir uns einen hohlen Baum suchen, in den wir beide hineinpassen", sagte Opa. Und er zeigte dem kleinen Bären, wie man den richtigen Baum auswählte.

In der Höhle kuschelte der kleine Bär sich
fest an seinen Opa. Er war sehr glücklich.
"Ich hab dich lieb, Opa!", rief er fröhlich.
Opa kraulte ihm den Pelz.
"Ich hab dich auch lieb, kleiner Bär",
sagte er.